AF479411

LA
SOCIÉTÉ GÉNÉRALE
ALGÉRIENNE.

SON PRÉSENT ET SON AVENIR

« J'appelle *affaires malsaines*, celles qui ne répondent pas effectivement à un objet d'utilité générale, celles qui ne se proposent pas une production réelle, et surtout celles qui s'écartent du but de leur fondation. »

(L'Auteur, page 41.)

PRIX : 2 FRANCS.

EN VENTE

CHEZ TOUS LES LIBRAIRES.

1866

LA
SOCIÉTÉ GÉNÉRALE
ALGÉRIENNE
SON PRÉSENT ET SON AVENIR

On sait l'origine de la *Société générale algérienne*.

Quelques jours étaient à peine écoulés depuis son retour d'Afrique, lorsque S. M. Napoléon III livrait à l'impression une *Lettre sur la politique de la France en Algérie*.

Ce travail, remarquable à plus d'un titre, adressé au maréchal duc de Magenta, gouverneur général de la colonie, devait être porté à la connaissance du public vers le commencement du mois de juillet 1865.

« Cette lettre a été imprimée, dit l'éditeur, par ordre de
» l'Empereur dix jours après son retour d'Algérie ; elle
» n'avait pas été rendue publique, parce qu'il importait à
» Sa Majesté que toutes les questions qui y sont traitées
» fussent préalablement discutées par les ministres et le
» gouverneur général. C'est après avoir pesé toutes les
» objections et avoir fait subir plusieurs changements au
» texte primitif que l'Empereur en a autorisé la publi-
» cation. »

Aussi, lorsqu'arriva cette publication, le Mémoire impérial fut considéré comme le programme définitif du gouvernement de l'Empereur sur la grave question algérienne.

Il faut, disait la *Lettre sur la politique de la France en Algérie,* « gagner la sympathie des indigènes par des bien-
» faits *positifs,* attirer de nouveaux colons par des exem-
» ples de prospérité *réelle* parmi les anciens. » L'Empereur ajoutait encore qu'un pays se développant seulement à l'aide d'un bon outillage, il était indispensable de compléter celui de nos possessions africaines : pour quoi faire Sa Majesté jugeait utile de donner un grand développement aux travaux d'utilité publique en Algérie et réclamait pour elle le concours intéressé de tous.

Le retentissement énorme de ce travail aurait été moins grand, moins général, moins utile, si les observations de l'Empereur n'avaient pénétré plus au fond des choses. La difficulté réelle de la colonisation par les Européens lui était apparue sous son véritable aspect. Ne pouvant douter, ni de la richesse du sol algérien, ni de sa productivité, et voyant le peu de résultat obtenu, il s'était demandé à quelles causes il fallait attribuer le peu de progrès relatifs de cette colonie.

« Lorsqu'un Européen arrive dans une colonie, dit *la*
» *Lettre sur la politique de la France en Algérie,* il ne pos-
» sède généralement pas de ressources suffisantes pour
» subvenir par son simple travail, en peu d'années, à son
» entretien et à celui de sa famille. Il faut donc qu'il puisse
» trouver dans sa nouvelle patrie les objets de première
» nécessité au plus bas prix possible et DES AVANCES, A UN
» TAUX MODÉRÉ, qui lui permettent d'attendre le bénéfice
» que doit lui procurer son exploitation. »

L'Empereur, après avoir ainsi déterminé le but à atteindre, en établissait les voies et moyens. « Il était essen-
» tiel, ajoutait-il, que la préoccupation du gouvernement

» se portât sur la création d'INSTITUTIONS DE CRÉDIT à l'usage
» des colons et des Arabes, car tout pays, tout atelier,
» toute usine, ne peut être mis en valeur qu'au moyen d'un
» outillage. Toute création d'outillage exige l'immobilisa-
» tion d'un capital. Demander ce capital au temps et à
» l'épargne, c'est tourner dans un cercle vicieux, puisque
» l'épargne ne peut venir que du profit, et que le profit ne
» peut naître que d'un outillage bien entendu et d'un ca-
» pital bien employé. Que faire donc? USER DU CRÉDIT, cette
» force des temps modernes et associer pour la prospérité
» commune l'avenir au présent. En dehors de ce prin-
» cipe, simple et vrai en Algérie, comme partout ailleurs,
» il n'y a rien à tenter de grand, de profitable et de
» sensé. »

C'est clair, net, précis.

Approuvée sans réserve, dans ses prémisses au moins,
par tous ceux qui de près ou de loin recherchent ou dé-
sirent le développement de nos colonies, la lettre impériale eut ce prodigieux effet de dessiller les yeux des personnes qui, jusqu'alors, ne savaient pas voir ce que vaut
une colonie. Les esprits les plus rebelles demeurèrent
frappés des faits établis par l'illustre écrivain, et de la logique des considérations dans lesquelles il entrait. Les
raisons émises par lui étaient si plausibles, elles montraient
si nettement quel essor de bonnes institutions de crédit individuel donneraient à l'Algérie, que la nature nouvelle de
l'opération, la colonisation, avait cessé d'être un épou-
ventail. La coïncidence de cette publication avec la pré-
sentation du projet de loi, approuvant la convention passée
entre S. Exc. le ministre de la guerre et MM. Frémy et
Talabot, conduisit à penser que la lettre impériale était le
programme non-seulement de la politique du gouverne-

ment en Algérie, mais aussi celui de la *Société générale algérienne* en projet.

Les bruits répandus alors dans le public, attribuant à la *Société générale algérienne* le patronage d'un souverain, fixèrent particulièrement l'attention sur cette Société. On la discuta chaudement. La personnalité de MM. Frémy et Talabot, ces chefs aimés du public spéculateur, n'était pas faite pour rassurer un marché déjà surchargé de titres de toute nature, car on appréhendait, à tort sans doute, que l'*institution de crédit algérien*, dont la lettre impériale établissait la nécessité absolue, n'aboutît à une vulgaire société anonyme, patronnant des affaires quelconques et prêtant sur leurs actions. Sorte de raisonnement bien vite contredit et réduit à néant par les bons esprits, qui, s'appuyant sur la parole même de l'Empereur, ne pouvaient admettre que le doute fût possible sur l'objet de la mission de la *Société générale algérienne*, obligée, selon eux, à être : une institution de crédit individuel, restreinte et localisée à l'Algérie : — moins une affaire, en un mot, qu'un établissement d'utilité publique pour ce pays.

A la fin cette opinion devint presque générale, et la plus brillante réussite attendait la *Société générale algérienne;* mais la confiance dans son succès ne devait pas être bien longue.

Aux avantages immenses faits à cette Compagnie, avantages qui, en outre de la garantie d'intérêt stipulée par l'État, consistent dans la « faculté d'émettre des obliga-
» tions à long terme ou à court terme, dont le pro-
» duit serait exclusivement appliqué à des entreprises in-
» dustrielles et agricoles, consistant en travaux publics,
» exploitation de mines, de terres et de forêts, exécu-
» tion de barrages et de canaux d'irrigation, établissement
» d'usines, etc., etc.; »

Et dans la promesse faite par l'État « de vendre à la
» compagnie 100,000 hectares de terres, qui lui seront
» délivrées par le gouvernement parmi celles disponibles
» dans le domaine de l'État, en Algérie : le prix de chaque
» hectare est fixé à 1 franc de rente par hectare et par
» an, payable annuellement, à partir de chaque mise en
» possession, et pendant cinquante années ;
   » Le gouvernement s'engage, en outre, à concéder à la
» Compagnie les mines dont elle découvrira les gisements
» pendant un délai de dix années. »

Le préambule du traité annexé à la loi du 21 juillet
1865 en ajoutait d'autres qui parurent s'écarter du but
que se proposait l'Empereur. Après avoir établi, en effet,
que la société à fonder aurait pour objet « de procurer
» des capitaux et d'ouvrir des crédits pour toutes opéra-
» tions agricoles, industrielles et commerciales en Al-
» gérie, » une autre stipulation établit qu'elle aurait la
faculté « d'entreprendre ou de réaliser directement et par
» elle-même ces opérations. »

Cette dernière faculté produisit l'impression la plus dé-
favorable. Elle ouvrait, en effet, la porte à toutes les éven-
tualités, puisque par elle l'*institution de crédit* demandée
dans la lettre impériale, se transformait en *société d'exploitation*.

La prétention émise plus tard par les fondateurs, en
interprétant un texte, de pouvoir faire exécuter à la *Société
générale algérienne*, des affaires en France, montra leur
intention réelle, et tout leur échafaudage s'écroula. Dès
lors le refroidissement fut complet.

Quel sentiment nouveau agitait le public, et qu'avait-
il vu ?

Les paroles de l'Empereur, son programme, avaient-ils
donc cessé d'exister ? Pourquoi ce qui paraissait hier à

peine (la pensée impériale) bon et faisable, semblait-il aujourd'hui impraticable et mauvais?

§

C'est qu'au lieu de revenir aux principes fondamentaux, on demeurait dans la fiction, dans l'inutile, dans les vieux errements.

L'exemple des années précédentes, les troubles financiers qui s'aggravent chaque jour, le sentiment où l'on est qu'une prochaine catastrophe est inévitable, bien qu'on essaye de se dissimuler la gravité de la situation, sont peu faits, il faut le reconnaître, pour encourager le public à donner son concours à une INSTITUTION *de crédit* fondée par MM. Frémy et Talabot, dont les tendances particulières et la tournure d'esprit étaient et sont parfaitement appréciées.

Sans vouloir rien enlever au mérite reconnu de MM. Frémy et Talabot, et précisément parce qu'avec tout le monde je leur reconnais un mérite réel, je pense que le public a raison.

Les incapacités, en effet, sont générales ou relatives. Tel esprit est propre à ceci et n'est pas propre à cela. D'ailleurs, quand l'intelligence humaine suit constamment la même ornière, elle se modèle sur ses contours, et plus elle y marche rapide, plus le déraillement est désastreux. Un bon général, un bon capitaine de vaisseau, ne deviennent-ils pas d'autant plus mauvais colonisateurs que leur mérite spécial est plus grand ?

L'école financière à laquelle appartiennent les deux honorables fondateurs de la *Société générale algérienne*, donne dans ses calculs beaucoup trop de place à la spéculation improductive. (Le règne de cette école ne peut plus être bien long.) Ils apporteront dans le ménagement de la *Société algérienne* leurs grandes qualités spéciales. Espérer qu'à la fin de leur carrière ils se démentiront eux-mêmes, et remplaceront leur manière de penser habituelle par d'autres idées plus naïvement économiques, paraîtrait tout à fait déraisonnable.

L'Algérie, le Mémoire impérial et tous les faits successifs le démontrent surabondamment, a besoin qu'on lui apporte de l'argent, — des bienfaits POSITIFS ; — l'Algérie a besoin qu'on donne aux travailleurs européens *isolés* l'aide RÉELLE pour augmenter leur production par la création d'un outillage ; elle a besoin d'être commanditée pour ses grands travaux publics. — Le public français met 200 millions à cela. N'est-ce donc pas assez pour montrer la valeur *effective* de l'Algérie, pour faire voir que les capitaux appliqués à son développement seront largement rémunérés ? preuve qui, une fois faite, est suffisante pour attirer en Algérie plus d'argent qu'il ne lui en faudra. Fort de cette conviction, chacun appréhende justement qu'après avoir prélevé sur le marché français 200 millions de francs, la *Société générale algérienne* ne veuille encore constituer une multitude de petites sociétés, sociétés-filles, et ne vienne demander chaque jour au public français de nouvel argent ?

Le secret du refroidissement du marché pour la *Société générale algérienne* est donc facile à préciser.

Car voici ce qui arrive et le public s'y attend : j'essaierai plus tard d'en déterminer la cause.

Lorsqu'une société anonyme, au lieu de borner son rôle à être une INSTITUTION DE CRÉDIT, utile directement à un grand nombre d'individus, prêtant au travailleur l'argent qu'elle a réuni, patronne des sociétés nouvelles dont elle souscrit une certaine quantité d'actions, elle se trouve à un moment donné avoir en portefeuille un capital nominal qui lui permet de distribuer de très-gros dividendes pris, très-légalement, sur son propre capital. Quand les affaires des sociétés-filles sont dans cette situation difficile que le principe de leur constitution rend inévitable, leurs actions baissent. Le capital de la société-mère diminue proportionnellement. Par quels moyens on soutient alors le cours des actions, je l'ignore et je ne veux pas le savoir, mais la situation devient mauvaise, d'autant plus mauvaise qu'on a élevé plus haut leur valeur de convention.

Si la *Société générale algérienne*, changeant de tendance, veut être une *institution de crédit réel, individuel, algérien*, prêtant aux colons et aux Arabes son capital réalisé, après quoi seulement ses obligations spéciales seraient émises en nombre proportionnel avec l'importance et les besoins du crédit en Algérie, tout le public capitaliste lui apportera son concours.

Mais si elle entend demeurer une *institution de crédit* obéissant aux mêmes idées que celles qui pèsent déjà sur nous, personne n'en veut.

Dans le premier cas ses actions vaudront, dans cinq ans, quatre ou cinq fois leur capital; — dans le second, que vaudront elles?

§

La situation morale de la *Société générale algérienne* s'est-elle améliorée depuis l'époque de la souscription de la première série de ses actions, et les craintes manifestées sont-elles justifiées par sa nouvelle attitude ? A-t-elle répondu à ce que l'Empereur, la France et l'Algérie attendaient d'elle? Il m'est bien difficile de le penser.

Après avoir rappelé les termes de la loi et du traité du 18 mai 1865 dans le préambule duquel il est formellement établi que « la Société a pour objet de procurer des ca-
» pitaux et d'ouvrir des crédits pour toutes opérations
» agricoles, commerciales et industrielles *en Algérie*, d'en-
» treprendre ou de réaliser ces opérations directement et
» par elle-même, » l'article 2 des statuts publiés dans *le Moniteur universel* du 8 novembre formule ainsi, à l'ébahissement général, l'objet de la *Société générale algérienne*.

« ART. 2. — La Société a pour objet : 1° de faire directe-
» ment ou en participation (1) avec des tiers, SOIT EN
» ALGÉRIE, SOIT EN DEHORS DE L'ALGÉRIE, — mais pour
» *entreprises algériennes*, — tous travaux publics, toutes
» opérations agricoles, industrielles et commerciales, et
» notamment ouvrir des crédits, fournir ou procurer des
» capitaux; faire *tout placement ou émission d'actions* et
» d'obligations pour le compte de tiers en vue de ces opé-
» rations, faire des avances sur hypothèques. »
Tel est l'objet de la *Société générale algérienne*.
Cependant elle a aussi pour objet :
« De recevoir en dépôt des titres, fonds, matières d'or
» et d'argent, ouvrir des comptes courants, fournir sur les
» cliens et correspondants de la Société des mandats, let-
» tres de change à vue ou à échéance fixe; émettre en
» représentation et dans la limite des crédits ou prêts opé-
» rés des engagements portant intérêt, dont l'exigibilité
» ne pourra être moindre de cinq jours ni excéder trois
» années. »

(1) Pourquoi en *participation* et non pas en *commandite*? Serait-ce parce que, exceptionnellement, les sociétés en participation ne sont pas tenues aux publications légales?

A ces opérations elle ajoute les réserves suivantes, qui ne font qu'en mieux élargir et déterminer la nature — et le principe :

« Toutefois, en vue d'utiliser temporairement les capi-
» taux non encore employés, la Société peut faire toutes
» opérations d'escompte, de réescompte et de banque; faire
» des avances sur nantissement, connaissement, dépôt de
» titres ou signatures agréées.

» Les avances sur titres auront lieu sur valeurs émises,
» soit par les sociétés algériennes, soit par l'État, les dé-
» partements, villes et communes, soit sur titres cotés à
» la Bourse de Paris, et jusqu'à concurrence des deux
» tiers du montant de ces titres, au jour où l'avance sera
» faite (1).

» Le solde des comptes courants devra toujours être re-
» présenté par des valeurs en portefeuille à quatre-vingt-
» dix jours au plus, par des rentes, bons du Trésor, va-
» leurs émises par l'État, les villes et les communes, ou
» par des actions ou obligations de chemins de fer, ou des
» Sociétés anonymes cotées à la Bourse de Paris.

» Le montant des soldes créditeurs des dépôts et comp-
» tes courants ne pourra dépasser deux fois et demi le
» capital réalisé. »

Sur 45 lignes de texte, on trouve deux fois le mot : *Algérie*, une fois *Société algérienne*, cinq fois *titres*, que la phrase qualificative : *cotés à la Bourse de Paris* accompagne deux fois.

L'article 3 est relatif à l'émission des obligations, à la garantie spéciale de l'État. On n'y entend point parler de l'Algérie.

L'article 4 annonce que la Société prend la dénomina-

____

(1) Pour qui connait les fluctuations de Bourse, quelle sécurité !

tion de *Société générale algérienne*, et que sa durée sera de cinquante années.

Enfin ! enfin ! l'article 5, relatif au siége social, qui est naturellement établi à Paris, daigne ajouter :

« Il sera établi à Alger UNE SUCCURSALE dirigée par l'un
» des administrateurs et munie de pouvoirs suffisants pour
» la GESTION DES AFFAIRES LOCALES. Toute assignation donnée
» pour lesdites affaires à la personne de l'administrateur
» délégué à Alger est valable à l'égard de la Société et
» attributive de juridiction au profit des tribunaux locaux.
» Indépendamment de la succursale qui sera établie à
» Alger, la Société peut créer, pour les besoins de ses
» opérations, des succursales, agences ou comptoirs. »

Essayons de comprendre la portée des stipulations que je viens de faire connaître au lecteur. Je le préviens à l'avance que c'est une tâche difficile, puisque je veux croire de bonne foi à tout ce que l'on a annoncé; puisque je veux croire à la logique; puisque je veux croire, aux termes de la convention du 18 mai 1865, que la Société dont on parle est une institution de crédit particulière et spéciale pour l'Algérie.

Un point attire tout d'abord mon attention. La *Société générale algérienne* ne pourra prêter sur titres cotés à la Bourse de Paris que jusqu'à concurrence « des deux tiers » du montant de ces titres au jour où l'avance sera faite. »

Le solde des comptes courants qu'elle ouvrira « ne » pourra dépasser deux fois et demi le capital réalisé. »

Enfin le solde de ces comptes devra « toujours être » représenté en portefeuille » par une nature de valeurs qui sont, on l'a vu, soigneusement énumérées.

Évidemment d'aussi minutieuses stipulations ne touchent en rien l'Algérie. Cette colonie n'a pas, Dieu merci ! cette multitude de valeurs industrielles à sa disposition ou à sa charge, et l'argent nécessaire à la féconder n'est pas aussi considérable qu'aucuns veulent bien le dire. Elles ont cependant ce bon côté que, lorsque d'aussi sages et préalables dispositions sont prises pour des affaires en dehors du but social, des dispositions aussi sages, aussi minutieuses, aussi développées, en ce qui concerne le but réel de la *Société générale algérienne*, doivent nécessairement se trouver dans les statuts. — L'acte de constitution va sans aucun doute déterminer de la façon la plus précise, la plus absolue, sur quel principe on s'appuiera désormais pour répondre aux intérêts que S. M. l'Empereur avait en vue de satisfaire. Une simple lecture doit édifier tout le monde sur le système qui va être mis en pratique. Les penseurs trouveront dans les détails de ces affaires nouvelles de précieux enseignements ; les jeunes gens, des exemples utiles, des leçons fructueuses ; les colons, les commerçants et les industriels de l'Algérie, l'assurance que les ressources dont ils se sont privés pour souscrire 642 actions leur retourneront sous la forme d'un accroissement de leur crédit individuel, et de leurs entreprises personnelles.

Voyons l'article, ou plutôt le paragraphe 1er de cet article : il a douze lignes ! le paragraphe relatif aux opérations de Bourse en a trente-huit !

La Société a pour objet : « 1º de faire directement ou » en participation avec des tiers, *soit en Algérie, soit en* » *dehors de l'Algérie*, mais pour ENTREPRISES ALGÉRIENNES, » tous travaux publics, toutes opérations agricoles, in- » dustrielles et commerciales, et notamment ouvrir des » crédits, fournir ou procurer des capitaux ; faire tous » placements ou émissions d'actions et d'obligations pour

» le compte de tiers en vue de ces opérations, faire des
» avances sur hypothèque. »

Le paragraphe relatif à l'Algérie, que j'estimais avoir
douze lignes, en compte à peine deux : « Ouvrir des cré-
» dits, fournir ou procurer des capitaux, faire des avances
» sur hypothèque. » Je m'étais trompé en le lisant une
première fois.

La lettre impériale disait : « Il faut gagner la sympathie
» des Arabes par des bienfaits *positifs*,—attirer de nouveaux
» colons par des exemples de prospérité *réelle* parmi les
» anciens (p. 8) : une grande erreur a été d'appliquer à
» l'Algérie des lois faites uniquement pour des pays
» comme la France, où la culture est avancée, la propriété
» définie, la population nombreuse (p. 23) : faute de
» *société de crédit*, les emprunts chez les Arabes se font à
» un taux exorbitant (p. 28) ; autoriser les *douars* cons-
» titués à contracter des emprunts, en offrant leurs com-
» munaux pour gage (p. 37). Nécessité pour le gou-
» vernement de porter son attention sur la création d'ins-
» titutions de crédit à l'usage des colons et des Arabes
» (p. 42).—Il faut surtout qu'il fournisse aux colons des
» avances et des moyens de crédit, afin de leur permettre
» de vivre avant d'avoir retiré un certain produit de leur
» travail (p. 43). Ce qu'il faut enfin, dit l'Empereur,
» c'est encourager les efforts des colons déjà établis, de
» favoriser leur bien-être et d'assurer leur avenir (p. 47).
» Ce qu'il faut : créer dans chaque province un comptoir
» d'escompte pouvant prêter, aux colons comme aux
» Arabes, à un taux modéré (p. 52). »

Qu'on relise le mémoire impérial, et le lecteur retrou-
vera à chaque page la trace de la profonde préoccupation
de l'Empereur. Pour développer l'Algérie il faut du crédit,
et du crédit direct, individuel :« En dehors de ce principe

» simple et vrai, en Algérie comme partout ailleurs, il
» n'y a rien à tenter de grand, de profitable et de sensé
» (p. 42.) »

Après avoir lu le texte entier des statuts, en avoir mé-
dité les clauses, est-il possible d'admettre que la *Société
générale algérienne* résolve le problème posé par l'Empereur? Évidemment non !

Elle ouvrira des crédits, fournira ou procurera des
capitaux, dit l'article 2. — A qui? comment? à quelles
conditions?

« Le solde des comptes courants devra toujours être
» représenté en portefeuille par des valeurs à 90 jours au
» plus, ou par des titres soigneusement énumérés. »
(Art. 2.)

Est-ce là ce que la *Société générale algérienne* considère
comme du crédit *effectif?* Avant qu'ils puissent se nourrir
eux-mêmes, il faudrait, dit l'Empereur, « nourrir les co-
» lons pendant trois ans (p. 47). » Un crédit de 90 jours
n'est-il donc pas complétement illusoire? Si le colon accep-
tait de semblables conditions, il serait exproprié avant que
la récolte dont la semence aurait motivé son emprunt
soit bonne à ramasser, et COMME IL NE PEUT DONNER NI
OBLIGATION DU TRÉSOR, NI AUTRES VALEURS AGRÉÉES en garantie des avances qu'il demandera, que le délai de 90 jours
est insuffisant, est-il permis de penser qu'il lui sera fait
crédit? — Est-ce donc là procurer des capitaux? est-ce
donc là aider effectivement les colons algériens?

On fera des « avances sur hypothèque.»— A qui? Comment? A quelles conditions? — Sans doute en s'inspirant
des habitudes du *Crédit foncier* de France et d'Algérie,
qui trouve rarement assez en règle les titres de la petite

propriété foncière pour lui consentir un prêt (ces titres
sont cependant assez en règle pour les notaires locaux).
En Algérie, où la propriété est mal définie, dit l'Empereur,
on pense sans doute trouver des titres plus en règle?
Je le désire.

En somme, que reste-t-il de cette pompeuse entrée en
matière? là fondation d'une *succursale* à Alger. — *Succursale* est vraiment joli. L'administrateur délégué aura tous
les pouvoirs pour gérer les AFFAIRES LOCALES.

La *Société générale algérienne* aura donc d'autres affaires
que celles de l'Algérie? Où donc?

Ne le dit-elle pas elle-même : soit en Algérie, *soit en
dehors de l'Algérie,* — mais POUR ENTREPRISES ALGÉRIENNES.

Dans quel cas une entreprise algérienne pourra-t-elle
avoir des *travaux publics* à faire *hors de l'Algérie?* — Cher-
chons! — Une ligne de bateaux à vapeur est créée, par
exemple, entre Philippeville et Saint-Nazaire. Or, le mouvement commercial est si grand à Saint-Nazaire que les
quais sont devenus trop restreints et ne peuvent pas recevoir les navires de la ligne algérienne. Vite on s'intéresse
dans la construction de nouveaux quais à Saint-Nazaire;
on fait l'émission de l'emprunt destiné à cette construction. — C'est pour une *entreprise algérienne!*
L'Algérie ne construit pas de steamers en fer, au lieu
de créer un chantier sur ses rivages, création mutuelle-
ment utile à ce pays, on procure de l'argent à un construc-
teur anglais, qui livrera la flotte nécessaire; on fait
l'émission des actions de sa société, dont il augmente le
capital. — C'est pour une *entreprise algérienne!*
Les graines de coton arrivant en Algérie sont de mau-

2

vaise qualité. Il serait utile à la colonie d'en avoir d'origine certaine. On achète en Amérique une plantation, on forme une société-fille, on patronne la souscription de son capital. — C'est encore une *entreprise algérienne !*

Les mines dont abonde l'Algérie ont besoin de machines, d'outils, de fer brut ; on prête de l'argent aux constructeurs de machines, aux fabricant d'outils, aux maîtres de forges. — Ce sont toujours des *entreprises algériennes !*

Enfin, considérant qu'un certain nombre d'Algériens sont attirés à Paris pour leurs affaires ;

Considérant que la nécessité d'aller et de venir est indispensable au bien-être des opérations des Algériens de passage en France ;

Attendu que pour aller et venir il importe que les voies de communications soient en bon état ;

Vu l'article 2 des statuts établissant que la *Société générale algérienne* est autorisée à faire, HORS DE L'ALGÉRIE, mais pour *entreprises algériennes*, tous travaux publics :

Il n'y aurait aucun empêchement à ce que la *Société générale algérienne* exploitât directement le pavage des rues et places de Paris, des villes de province, entreprît l'entretien des routes de grande communication, ainsi que l'établissement de nouveaux chemins de fer. — En vertu du raisonnement posé, ce seraient encore des *entreprises algériennes !!!*

Je n'en finirais pas si je voulais énumérer toutes les affaires qui peuvent ainsi se transformer en *entreprises algériennes*. — Et c'est à une manière semblable de raisonner, sans doute, qu'il faut attribuer la dénomination prise par la société dont nous examinons les statuts.

S'il prenait fantaisie à quelqu'un de me demander pourquoi elle a pris cette dénomination sonore, que pourrais-je répondre, sinon : Parce que c'est son titre.

Vraiment! c'est à se demander si l'on ne rêve pas tout éveillé?

J'ai montré quelle large place, quand il s'agit de l'Algérie, les statuts de la *Société générale algérienne* laissent à l'arbitraire de ses administrateurs. Je veux montrer encore que dans tous les articles le même sentiment prédomine.

L'Empereur établit la nécessité de fonder dans chacun des centres un peu importants de l'Algérie un comptoir *d'escompte, d'escompte,* entendez-vous! C'est-à-dire qui prête sur garanties morales, qui prête sur le travail, et voici ce que disent les statuts :

« Il sera créé une *succursale* à Alger, dirigée par l'un » des administrateurs muni de pouvoirs suffisants POUR » LA GESTION DES AFFAIRES LOCALES. » — Et plus loin : « In- » dépendamment de la succursale qui sera établie à Alger, » la SOCIÉTÉ peut créer, pour les besoins de SES opérations, » des succursales, agences ou comptoirs. »

Je prie le lecteur de remarquer la finesse de cette stipulation. La succursale d'Alger sera *munie* des pouvoirs nécessaires pour la gestion des AFFAIRES LOCALES, mais non pour la création de comptoirs locaux *hors* d'Alger, et la *Société générale algérienne* peut, ELLE, créer pour le besoin de SES opérations (qui ne sont pas évidemment les *affaires locales,* puisque le siége social et le Conseil d'administration sont à Paris) des succursales, des agences ou des comptoirs. Elle a le choix : à Rome, à Pékin, au Pérou, dans chaque commune de France, si elle le juge convenable à SES opérations, et quant à l'Algérie, si la Société le trouve bon, sauf la succursale d'Alger, elle peut n'avoir rien.

Il y a, on n'en saurait douter, quelque chose de très-fâcheux dans cette différence de stipulations. Les unes, celles pour *hors de l'Algérie,* détaillant, expliquant, permettant tout, et notamment : les émissions d'obligations en sommes égales aux prêts effectués sur actions de sociétés anonymes; les autres, celles *pour l'Algérie,* n'expliquant rien, réservant tout.

Quelle est donc la tendance à laquelle obéit le rédacteur des statuts de la *Société générale algérienne* en stipulant que cette Société peut prêter sur titres tant que son capital ne sera pas employé? A en juger par analogie, on est porté à croire, lorsque ce capital n'est encore que de 25 millions, que la *Société algérienne* ne pense guère à ouvrir des crédits, à fournir des capitaux aux Arabes ou aux colons. Peut-être, et c'est ce qui expliquerait cette stipulation, songe-t-elle à leur en *procurer.* Mais comment ? — En appelant encore, sans doute, l'argent du public dans sa caisse. Le rédacteur des statuts a donc fait avec sagesse, car de cette façon le capital social ne devant pas être occupé en Algérie, il fallait bien lui réserver un emploi en France.

Le titre III détermine dans sa première section les fonctions du *président* de la Société. Après avoir lu les clauses qu'il renferme, on doit demeurer convaincu qu'il n'est rien d'aussi facile que d'être le président d'une Société anonyme.

La seconde est relative au *Conseil d'administration.*

L'article 25 établit que les administrateurs « sont au » nombre de vingt-cinq, dont six au moins résident en » Algérie ou à Marseille. *Ils sont nommés par l'assemblée* » *générale des actionnaires.* Leurs fonctions sont de cinq » années.

» Ils peuvent être réélus. — Leur remplacement s'opère

» par cinquième. — Les membres sortants sont désignés
» par le sort pour les cinq premières années, et ensuite
» par l'ordre d'ancienneté. »

Telle sera la règle de la *Société générale algérienne* : il y
aura vingt-cinq administrateurs, dont *six* au moins rési-
deront en Algérie ou à Marseille. ILS SERONT NOMMÉS PAR
L'ASSEMBLÉE GÉNÉRALE DES ACTIONNAIRES, ET REMPLACÉS PAR
CINQUIÈME CHAQUE ANNÉE.

Eh bien ! non. Cette règle sera lettre morte pendant les
six premières années de la Société, car l'article 26 se hâte
d'ajouter :

« Par dérogation à l'article qui précède, dit-il, le pre-
» mier Conseil d'administration sera composé, outre le
» président de la Société, de dix membres avec pouvoir de
» se compléter ; »

Et l'article 28 non moins explicite décide que :

« Le renouvellement du premier Conseil ne commen-
» cera qu'à l'expiration de la sixième année sociale. »

Il faudrait cependant s'entendre !

La nomination, comme membres du premier Conseil
d'administration de : —

« M. Frémy (Louis), gouverneur du Crédit foncier de
France et d'Algérie ;

» M. Leviez (Ernest), sous-gouverneur du Crédit foncier
de France et d'Algérie ;

» M. Latimier des Clézieux (comte), administrateur du
Crédit foncier de France et d'Algérie ;

» M. Talabot (Paulin), directeur général des chemins
de fer de Paris à Lyon et à la Méditerranée et d'Algérie ;

» M. Blount (Edmond), administrateur des chemins de
fer de Paris à Lyon et à la Méditerranée ;

» M. Denière, administrateur de la Société générale

pour favoriser le commerce et l'industrie *en France ;*

» M. Feré, administrateur de la Société générale pour favoriser le commerce et l'industrie *en France ;*

» M. Heutsch, de la maison Heutsch Lutscher et Cie, administrateur de la Société générale pour favoriser le commerce et l'industrie *en France ;*

» M. Denion du Pin, administrateur de la Compagnie des services maritimes des Messageries impériales ;

» M. Lacroix Saint-Pierre, administrateur de la Compagnie des services maritimes des Messageries impériales, » — est-elle simplement provisoire ? est-elle soumise à l'approbation de l'assemblée générale des actionnaires ? ou bien doit-on la considérer comme définitive ?

En examinant les textes, en sachant apprécier les tendances, on arrive facilement à penser que la dérogation écrite dans l'article 26 ne sera pas soumise à l'appréciation de l'assemblée générale des actionnaires. Cela est d'autant plus fâcheux qu'il est difficile d'apercevoir tout d'abord :

Quel peut être le motif d'une semblable stipulation, qui donne aux mêmes personnes *irrresponsables* le droit d'agir pendant *six années*, sans que les souscripteurs, *responsables du montant de leur apport,* aient le droit d'intervenir, chose d'autant plus dangereuse que ce sont les débuts de la Société qui la rendront dans l'avenir prospère ou misérable ? Cet énorme accroissement du privilége des administrateurs, par quoi donc a-t-il été compensé ?

Comme conséquence nécessaire de ces diverses stipulations, il s'ensuit que la *Société générale algérienne* sera gérée, administrée pendant six années par les membres désignés en l'article 26, DONT AUCUN N'HABITE L'ALGÉRIE. Aucun changement ne pourra se produire dans ce laps de temps, et les idées qui dirigent ces dix honorables personnes, qu'elles soient favorables ou défavorables, que dans l'application elles conduisent la Société vers le succès ou vers la ruine, seront pendant six années la règle de conduite de la Société.

Si encore la *Société générale algérienne* était une *institution de crédit* dans le sens étroit et utile du mot, les stipulations que je viens d'énumérer paraîtraient moins excessives, — mais le texte des statuts indique bien que ses fondateurs ont un tout autre but, savoir : LES OPÉRATIONS DE PRÊT SUR VALEURS ; LES ÉMISSIONS D'ACTIONS ET D'OBLIGATIONS ET LES EXPLOITATIONS DIRECTES. — De tous les côtés, on le voit, l'*alea* le plus absolu.

Sans avoir à discuter la valeur personnelle des membres du Conseil d'administration, que je tiens, tous et chacun, pour les plus honnêtes gens du monde et dont je ne conteste aucunement la valeur personnelle, il me semble que leurs occupations passées n'ont pu les rendre pratiques ou compétents en ce qui touche l'Algérie. Il m'est bien difficile de penser qu'ils puissent, de Paris, prendre les mesures nécessaires à répondre aux besoins d'un pays qu'ils ne connaissent pas ou qu'ils connaissent peu. Je pense aussi que leurs occupations multipliées, le soin de veiller aux intérêts immenses qu'ils représentent déjà, leur laissera bien peu de temps pour présider aux destinées de la nouvelle Société. — S'ils étaient responsables de son avenir, il est probable qu'ils opteraient : la chose en vaut la peine ! Mais dans la situation respective des choses, n'ayant d'autre système de conduite que de suivre les vieilles routes, il est permis de douter des résultats qu'ils obtiendront. Il semble même beaucoup trop certain que lorsque l'Empereur dit : « *crédit individuel, escompte aux colons, aux Arabes,* » ils répondront : « Société anonyme ! Société à responsabilité limitée ! émission d'actions ! d'obligations nouvelles ! exploitation directe ! »

§

Les appréhensions du public, que j'ai essayé de formuler, n'étaient donc pas vaines. Le mal est porté au comble. Et si les choses devaient et pouvaient demeurer dans cet état, l'Algérie n'aurait plus qu'à courber la tête. Des amis trop zélés n'ont-ils pas osé dire il y a quelques jours à peine, dans le bulletin financier d'un grand journal (*l'Époque* du 5 novembre), à propos de la *Société générale algérienne* :

« Nous avons fait connaître, au moment de la souscrip-
» tion publique des actions, les statuts qui la régiront et
» les opérations auxquelles elle doit se livrer ; il y a dans le
» champ d'activité qui lui est ouvert d'immenses services à
» rendre et des bénéfices considérables à réaliser. Ses deux
» fondateurs ont attaché leurs noms à des entreprises qui se
» sont fait remarquer par leurs succès éclatants. *Si avec*
» *tout cela la Société algérienne ne réussit pas, il faudra déses-*
» *pérer à tout jamais de notre colonie africaine.* »

Il faut énergiquement protester contre de semblables allégations, que j'appellerai des notions fausses, et ne pas laisser se répandre cette opinion que l'Agérie doive être responsable des fautes des administrateurs de la *Société générale algérienne*, alors surtout qu'en ne faisant pas appel aux concours des intéressés, en se faisant nommer pour six années, ils en déclarent accepter par avance toute la responsabilité

S'ils étaient encore hommes pratiques et compétents dans la question !

Mais, dira-t-on peut-être, les dix membres nommés pour *six ans* auront le pouvoir de se compléter. Ce droit leur est réservé par l'article 25 des statuts.

Voilà encore une stipulation de nature à étonner. Qu'une exception ait été faite en faveur de MM. Frémy et Talabot, fondateurs de la Société, tout le monde le comprendra ; mais pourquoi donc étendre aux autres administrateurs dénommés le même privilége ? pourquoi ne pas soumettre leur nomination à l'assemblée générale des actionnaires ? Pourquoi enfin, à eux qui n'ont eu aucune initiative dans l'affaire, à eux qui n'auraient point souffert de l'insuccès de MM. Frémy et Talabot, à eux que rien n'indique comme étant des hommes pratiques et compétents dans la question algérienne, pourquoi, dis-je, donner à ces honorables personnes le pouvoir de compléter le Conseil, pour *six années*, quand l'assemblée générale des actionnaires se réunira chaque année ? C'est au moins un non-sens.

Si toutefois les statuts établissaient nettement quand, comment et par qui les memdres du Conseil pourraient être portés à vingt-cinq, il n'y aurait encore que demi-mal. Mais rien n'est stipulé à cet égard, et le Conseil jouit, sur ce point comme sur tant d'autres, d'un arbitraire sans limite.

Est-il permis de penser que les membres nouveaux, si le Conseil sent la nécessité d'en nommer, seront des hommes compétents, pratiques, connaissant la colonie, et désireux de son développement ? C'est véritablement bien difficile quand on sait que sur les 163 souscripteurs algériens, il en est à peine 2 qui aient souscrits 50 actions, un seul qui en ait souscrit 125. Or, l'article 29, dit :

« Chaque administrateur doit. dans la huitaine de sa

» nomination, déposer dans la caisse de la Société cent
« actions, qui restent inaliénables pendant la durée de
» ses fonctions. » D'où je tire cette conclusion, plausible
à mon avis, que, sauf un, le Conseil ne saura pas trouver
d'administrateur parmi les souscripteurs algériens.

Où donc le Conseil les choisira-t-il ?

Mais le Conseil a-t-il bien l'intention de se compléter ?
J'ai encore beaucoup de peine à le penser. L'article 33 ne
dit-il pas en effet : « Aucune résolution ne peut être déli-
» bérée sans le concours de NEUF votants. » D'où encore
je conclus qu'il compte pendant bien longtemps peut-être
ne pas accroître le nombre de ses membres.

§

Dans la détermination des affaires que traite le Conseil
d'administration, un seul passage est nominativement relatif à l'Algérie. Le Conseil statue « sur le concours à
» donner aux sociétés ou associations *constituées* ou à *con-*
» *stituer* en Algérie et ayant pour objet des entreprises
» agricoles. » Or, plus haut on a pu voir que la *Société
générale algérienne* prête sur des actions ou obligations de
chemins de fer ou de *sociétés anonymes*.

L'intention de la *Société générale algérienne* paraît donc
être, plus on pénètre au fond de la question, non pas les
ouvertures de crédit, mais les émissions d'obligations et
d'actions nouvelles. Telle est l'aide qu'elle entend donner.

Son capital sera-t-il au moins employé à exploiter les

forêts de liége, les plaines de l'Habra et de la Mitidja, les carrières de marbre onyx, les mines de Ténez et autres d'une plus grande valeur peut-être? ou bien trouvera-t-on encore une nouvelle combinaison pour leur *procurer* de l'argent qu'on demandera au public? C'est ce que l'avenir apprendra.

Je dirai plus tard de quelle façon je voudrais voir tourner les choses, mais je veux encore faire observer combien semble exorbitante la stipulation par laquelle les assemblées générales sont régulièrement constituées avec le *dixième* des actions souscrites, alors surtout que les membres qui peuvent y assister doivent être porteurs de 40 actions au moins.

Cela choque le bon sens et témoigne d'une trop grande facilité à vouloir demeurer toujours les maîtres de la situation, c'est-à-dire jouir de l'arbitraire le plus absolu, tout en vêtissant la formule légale. Est-ce donc là une amélioration, un progrès? Je sais bien que c'est une excellente méthode pour continuer et perpétuer l'oligarchie financière, une excellente méthode surtout POUR FORMER UNE BONNE ASSEMBLÉE GÉNÉRALE QUI APPROUVERAIT LES STATUTS SANS LES DISCUTER, mais elle ne m'en paraît pas plus équitable pour cela, et les vrais actionnaires ne doivent et ne peuvent pas l'accepter.

Enfin, contrairement à toute prévision, pour quiconque a lu et compris la *Lettre sur la politique de la France en Algérie*, une tendance générale dans les statuts de la *Société générale algérienne* est de n'être pas une institution de crédit : « Les produits de l'*entreprise*, » dit l'article 54. Je prie le lecteur de remarquer ce mot *entreprise* placé là, et de s'appesantir sur son importance. Il dit à qui sait le comprendre : Moi, *Société générale algérienne*, qui devais être une institution de crédit pour répondre aux vues exprimées par l'Empereur, je ne suis rien moins que cela. Je suis une *entreprise*, une affaire, exploitant par moi-même, achetant et vendant directement, courant, en un mot, toutes les chances aléatoires du commerce et du travail salarié.

Comme dernière preuve, je signalerai dans le titre VII là possibilité « d'une fusion avec d'autres sociétés. » Lesquelles? — Et je fais cette réflexion. La Banque de France ne se fusionne pas. Elle attire à elle, mais ne va pas aux autres, car son objet est utile et par suite elle est puissante, S'appuyant sur des services rendus à tous, elle aide quelquefois le pays et ne recherche jamais la bienveillance du budget. Qu'avez-vous donc voulu dire? Que prévoyez-vous? Quoi! vous avez des droits presque aussi considérables que les siens, un capital plus fort que celui avec lequel elle a commencé, vous avez un pays neuf à développer, vous n'y pouvez craindre aucune concurrence, tout doit graviter autour de vous, vous devez vivre comme elle d'une vie propre, et vous admettez que vous pourrez avoir à vous fusionner avec une autre société? Vous n'avez donc pas réfléchi à la portée d'une telle parole, et cet aveu, plus que modeste, ne doit-il pas vous arrêter dès le début? —N'ayez pas confiance dans mon avenir, dit par là la *Société générale algérienne*, je ne suis pas à la hauteur de ma mission!

Le public s'est donc justement effrayé, et le sentiment qui le pousse à refuser de s'intéresser dans la *Société générale algérienne*, repose sur des motifs sérieux et malheureusement trop pratiques.

§

Mais parce que la *Société générale algérienne* doute d'elle-même, parce qu'elle ne croit pas à sa mission, parce que telle qu'elle est constituée, elle ne se sent pas utile, ce n'est pas une raison pour que la lacune que voulait, par elle, combler l'Empereur, demeure encore ouverte.

Un fait est aujourd'hui accompli : 50,000 actions sont souscrites, 12 millions de francs et plus ont déjà été versés au Trésor pour le compte de l'Algérie, une loi a été votée, un décret rendu. Il faut que tout cela serve à rendre le service prévu, et la recherche des moyens d'y parvenir pratiquement forme l'objet de ce paragraphe.

« Mesures proposées, dit l'Empereur, page 52 : CRÉER » DANS CHAQUE PROVINCE UN COMPTOIR D'ESCOMPTE POUVANT » PRÊTER, AUX COLONS COMME AUX ARABES, A UN TAUX MODÉRÉ. »

Dans ce paragraphe, *colons* doit s'entendre de tous les Européens livrés aux travaux agricoles, industriels ou commerciaux. La chose que demande l'Empereur est donc *une institution de crédit, commanditant dans la forme la plus pratique les individualités responsables et isolées.*

But utile que n'atteint pas la *Société algérienne*, but qui donnerait confiance dans son avenir, et qui rendrait très-facile le placement de ses actions et des obligations à long ou à court terme qu'elle jugerait utile d'émettre, — parce que, dans une institution de crédit direct et individuel, il y a un contre-poids à l'arbitraire des administrateurs :

Le propre d'une institution de crédit étant d'être obligée de se mouvoir dans un cercle déterminé, dont elle ne peut pas sortir, et d'être empêchée de refuser son concours, à raison de considérations personnelles, à toute personne dont la situation remplit les conditions posées dans les statuts.

En d'autres termes : en échange des avantages qui lui sont consentis par la nation, toute institution de crédit doit, obligatoirement, aux individus qui composent cette nation, son concours dans les limites déterminées par son acte constitutif.

La question étant ainsi définie, rien n'est plus facile que de la résoudre : les statuts de la *Société générale algérienne* doivent être modifiés de manière à en faire une véritable institution de crédit, et la première assemblée générale des actionnaires a le droit d'imposer le retour aux véritables principes économiques.

Comment s'y prendre? A mon avis il y a deux moyens.

PREMIER MOYEN.

Le Conseil peut lui-même en prendre l'initiative.

L'Algérie, croyant absolument aux déclarations de la lettre impériale, a concouru à la formation de la *Société algérienne* pour 642 actions, dont les souscripteurs appartiennent aux localités désignées ci-dessous :

Alger...... —	Souscripteurs:...	87	actions:...	425
Constantine. —	—	27	—	119
Oran....... —	—	13	—	38
Mostaganem.—	—	12	—	25
Philippeville. —	—	5	—	25
Bone....... —	—	3	—	5
Mascara..... —	—	4	—	5
Tlemcen..... —	—	4	—	5
Médéah..... —	—	3	—	5
St-Denis du Sig.	—	4	—	4
Cherchell... —	—	1	—	6
Totaux........		163	—	642

Ces cent soixante-trois personnes, vivant en Algérie, en connaissant les besoins, les ressentant elles-mêmes, sont évidemment mieux que qui que ce soit en état d'indiquer les mesures à prendre pour qu'une *institution de crédit* puisse concourir à leur prospérité. Je proposerais donc de leur demander à elles-mêmes ce qui conviendrait le plus à la colonie.

Pour avoir l'opinion dominante en Algérie, et pouvoir mieux apercevoir les points à étudier, les intérêts à satisfaire, les nécessités locales, il faudrait engager les souscripteurs de chacun des petits centres à se réunir, à former une assemblée locale provisoire, et à formuler un plan d'action pour leur localité.

Les souscripteurs réunis à Alger se formeraient également en assemblée provisoire, et centraliseraient les plans issus des autres assemblées locales algériennes. L'assemblée d'Alger formulerait à son tour, en s'inspirant des recherches et des idées qui lui auraient été transmises, un plan de conduite qui, accepté par elle, serait alors, avec tous les plans particuliers et pièces à l'appui, soumis aux honorables fondateurs de la *Société générale algérienne*. Avec leur incontestable expérience des affaires, ils pourraient formuler alors des statuts, bien explicites, en vertu des principes que j'ai essayé de rappeler.

L'assemblée générale des actionnaires, après que le gouvernement aurait accepté les modifications proposées, serait enfin appelée à les approuver en les rendant définitifs.

J'en ai assez dit pour être compris, et l'on admettra sans peine que je ne veuille pas, lorsqu'il est si facile d'avoir une étude complète de la question, étude qui peut être utilement faite par les intéressés eux-mêmes corrigés dans leurs dires et ramenés à la vérité des principes par des hommes capables et d'une complète impartialité, — comme MM. Frémy et Talabot, — que je ne veuille pas essayer, pour le moment, de réformer des statuts dont les stipulations fondamentales me paraissent mal étudiées.

Mais si je renonce à tracer le cadre, *utile* parce qu'il serait nettement *défini*, dans lequel devrait se mouvoir cette Société, il est certaines modifications aux statuts actuels qui me paraissent indispensables et que les intéressés devront demander quand même.

Les modifications que d'ores et déjà je voudrais voir introduire, les voici :

Art. 26. — La nomination des membres du premier Conseil, excepté en ce qui concerne MM. Frémy et Talabot personnellement, est seulement provisoire. L'assemblée générale des actionnaires devra en approuver la nomination, et leur adjoindre les personnes qu'elle jugera utiles jusqu'à concurrence de vingt-cinq membres dont peut se composer le Conseil.

Art. 33. — Tout actionnaire possédant 10 actions pourra être nommé membre du Conseil d'administration s'il habite l'Algérie.

Le dépôt de garantie est réduit à 10 actions pour les actionnaires habitant l'Algérie.

Art. 40. — L'assemblée générale, régulièrement constituée se compose de tous les porteurs d'*une action*. Chaque action a droit à une voix. Nul ne peut avoir plus de quarante voix.

Art. 43. — Les convocations sont faites *quarante* jours avant la réunion.

Art. 53. — Les comptes sont arrêtés par le Conseil d'administration. — Ils sont imprimés sous la forme d'un *compte moral* et d'un *compte financier*, avec pièces à l'appui, et adressés à chacun des actionnaires, un mois au moins avant l'assemblée générale. Tout porteur d'actions au porteur, en déposant ces titres, aura droit à la remise de ce document.

Chacun des actionnaires a le droit d'en contester les dires.

Dans ce cas, il devra formuler ses observations par écrit et en adresser le texte au Conseil d'administration au moins quinze jours avant l'assemblée générale, par lettre chargée.

Le Conseil composera l'ordre du jour de l'assemblée en raison des observations qui lui auront été communiquées, et se préparera à y répondre.

Après quoi, l'ordre du jour épuisé, ces comptes seront soumis à l'assemblée générale des actionnaires, qui les approuvera s'il y a lieu.

Art. 54. — Supprimer l'autorisation de se fusionner.

Les stipulations que je propose n'ont rien d'extraordinaire, si le but des fondateurs de la *Société générale algérienne* est, comme je n'en puis pas douter, d'être utile à cette colonie. Elles sont honnêtes, et rien n'empêche qu'elles soient praticables.

La publication, préalablement à l'assemblée générale des actionnaires, des comptes de la gérance, l'admission des demandes d'explications formulées par les actionnaires, la discussion publique des points sur lesquels ils désireront être éclairés, n'ont rien qui puisse gêner des administrateurs intègres. Cela aurait, du reste, cet avantage véritablement énorme de dégager la responsabilité morale des administrateurs, lesquels ont cherché à s'y soustraire, puisqu'ils ont accepté une stipulation qui, s'appliquant à une société anonyme dont les statuts seraient parfaitement établis, est au moins inutile. Je veux parler de l'article 5 du décret d'autorisation, ainsi conçu :

« Art. 5. — La gestion de la Société pourra être sou-
» mise à la vérification des délégués de notre ministre
» des finances toutes les fois que celui-ci le jugera con-
» venable. Il sera donné à ces délégués communication
» des registres des délibérations, ainsi que de tous les
» livres, souches, comptes, documents et pièces appar-
» tenant à la Société; les valeurs de caisse et le porte-
» feuille leur seront également représentés. »

L'immixion aussi directe du gouvernement dans les affaires de la *Société générale algérienne* est en effet de nature à inquiéter tout le monde. Personne ne doute que les affaires de cette Société seront honorablement et loyalement administrées. La précaution prise ne servira donc qu'à constater, ce que tout le monde sait, qu'il ne sera jamais rien détourné des choses sociales. Mais cette prescription désagréable ne fera pas que les opérations de la Société soient prospères si la ligne de conduite est mauvaise, si les principes sur lesquels elle repose sont erronés. La surveillance du gouvernement, aussi active, aussi intelligente qu'elle soit, ne lui fera pas modifier la marche des affaires, et une fois lancée dans une voie mauvaise, la conséquence de ses premiers actes sera plus forte que toute la bonne volonté des administrateurs s'appuyant sur la bienveillance de l'État.

Les mesures restrictives n'ont jamais servi à rien d'utile. C'est dans la combinaison des intérêts contradictoires qu'il faut chercher la vérité sociale, et c'est pourquoi je me suis permis d'émettre la pensée qu'il pourrait être bon de demander d'abord aux intéressés algériens ce qui pouvait leur être le plus utile ; c'est pourquoi j'ai également proposé l'adoption de mesures qui rendraient les actionnaires, pouvant surveiller les actes de l'administration de la Société, solidaires moralement des actes des administrateurs; c'est pourquoi encore, revenant à la charge, je dirai que l'emploi intelligent de tous au même but conduit à une sécurité dont les administrateurs de la *Société générale algérienne* apprendront sans doute à tenir compte.

Je m'explique : la *Société générale algérienne* une fois INSTITUTION DE CRÉDIT, établirait à Alger, Constantine, Oran, Mostaganem, Bone, Tlemcen, Mascara, Medeah, Philippeville et autres centres de population, *le comptoir de crédit* qu'elle aurait pour objet spécial d'y créer. Chaque année, les directeurs de ces comptoirs seraient tenus de soumettre les comptes de leur gestion à l'approbation des actionnaires de la localité, réunis en assemblée locale si leur nombre atteint le chiffre de vingt. Ces assemblées, dont tous les actes du comptoir seraient connus, éclaireraient parfaitement l'administration centrale par le procès-verbal de leurs séances sur les actes de ses fondés de pouvoir, et, sans avoir besoin d'envoyer des surveillants spéciaux dont la mission est souvent pénible, elle n'ignorerait rien. A chaque fin d'année, elle pourrait, avec la certitude de bien faire, modifier les règles établies, accroître ou diminuer les pouvoirs de ses agents.

Je suis persuadé qu'une méthode aussi claire, aussi précise, aussi honnête et exempte de toute difficulté sérieuse, répond à tous les besoins. Elle aurait pour résultat d'inciter les colons algériens à souscrire un nombre très-considérable des actions à émettre, afin surtout de faire partie des assemblées locales, et d'être ainsi mis à même de donner leur opinion. En outre, elle inspirerait dans la *Société algérienne* la plus entière confiance, et l'on sait en affaire ce que vaut une confiance sans limite : confiance, il faut bien le reconnaître, qui est aujourd'hui passablement ébranlée.

DEUXIÈME MOYEN.

Il appartient aux actionnaires seuls de l'employer.

Il consiste, sans attendre l'assemblée générale des actionnaires, à s'opposer à ee que les statuts tels qu'ils sont rédigés soient présentés à l'approbation de cette assemblée.

Tout actionnaire donc qui trouve que les stipulations des statuts ne remplissent pas l'objet proposé à l'opération à laquelle il avait consenti à apporter son concours, tout actionnaire trouvant que telle ou telle stipulation des statuts est mauvaise et ne répond pas aux vues exprimées par l'Empereur,

A le droit de réclamer en justice, et d'obtenir par jugement le retour efficace aux bases posées dans le traité annexé à la loi du 12 juillet 1865.

Il a le droit de réclamer en justice et d'obtenir par jugement la déclaration que pour faire partie des assemblées générales des actionnaires, il suffit de posséder une action, — seule règle équitable quand le suffrage universel est la base de toutes nos institutions.

Il a le droit aussi de réclamer en justice et d'obtenir par jugement que la nomination des membres du Conseil soit seulement provisoire, et que lesdits membres soient nommés par l'assemblée générale des actionnaires.

Pour que cette réclamation vienne en temps opportun,

il faut qu'elle se produise avant le vote de la première assemblée générale qui approuve les statuts.

Algériens, ne l'oubliez pas.

§

Mais tout en émettant la pensée de voir les premiers actionnaires de la *Société générale algérienne*, en revendiquant leurs droits imprescriptibles, assurer l'avenir de cette Société et la réalisation des vues de l'Empereur sur l'Algérie, je veux essayer de montrer que ma critique, toute sincère qu'elle est, ne doit porter en aucune façon atteinte au mérite de MM. Frémy et Talabot, dont le seul tort est d'avoir obéi aux idées arrêtées du milieu financier dans lequel ils ont grandi. Un examen rapide des événements financiers des années précédentes suffira pour expliquer le fait anormal par lequel une société, créée pour être une *institution de crédit algérien*, arrive à être une *société d'exploitation universelle*, d'autant moins sûre que les individualité qui la régissent sont *irresponsables*.

Le public français, après avoir traversé les excès de la société en commandite par action, fautive parce que la responsabilité de celui qui agit pouvait être facilement éludée, traverse l'époque où le marché tout entier est aux mains des sociétés anonymes, dans lesquelles personne n'est responsable. Les faillites successives qui ont atteint même les obligataires des sociétés anonymes, lui ont ouvert les yeux, et il s'est, avec raison, demandé si tout était pour le mieux dans le monde des affaires, et si la formule anonyme n'avait pas aussi de redoutables périls.

En remontant jusqu'à ses origines, il a vu, comme je le disais en 1862, et plus tard dans *l'Époque* du....... que le premier législateur, voulant donner à la France démocratique, quoique monarchique, des lois dignes de ses principes et de sa grandeur, des lois qui fussent conformes à sa destinée, ne pouvant méconnaître l'influence politique des stipulations commerciales, et voulant surtout favoriser le développement des individualités, créa deux sortes de société de commerce :

1° La société en *nom collectif* : association de travail seul ou de travail et de capital, où *tous les associés* sont responsables ;

2° La société en *commandite* : association de travail et de capital, où *celui qui agit est seul* responsable.

La société *anonyme*, période de conservation, de sécurité, où, liés par des stipulations expresses et se surveillant les uns par les autres, *les administrateurs sont irresponsables* tant qu'ils obéissent aux statuts, avait un tout autre objet. Elle devait être comme le contre-poids de la trop grande force des individualités.

Mais en autorisant cette formule, par laquelle il consacrait une dérogation au principe fondamental de l'égalité devant la loi, — tous les Français sont responsables de leurs actes, excepté les administrateurs de sociétés anonymes, qui sont *irresponsables*, agissant comme administrateurs, et ne le sont plus s'ils agissent isolément ; — le législateur eut bien soin d'en limiter l'exercice. S'il avait jugé utile de mettre une barrière à l'action absorbante des puissantes individualités, le législateur ne pouvait vouloir, en autorisant les personnalités fictives anonymes, aboutir à l'arbitraire.

De là l'intervention obligatoire du conseil d'État (qui pour se prononcer avec sagesse doit traiter scientifiquement les questions soumises à son examen), ce qui implique la nécessité de ne laisser opérer aux sociétés anonymes que des affaires connues, déterminées, expérimentées à l'avance. D'où il s'ensuit que cette formule de société ne doit rien avoir d'imprévu, de sous-entendu : elle n'est jamais libre de faire ou de ne pas faire. Ses statuts doivent être obéis en leur entier : ni plus, ni moins. Sans cela à quoi serait utile l'intervention du conseil d'État ?

Les établissements d'utilité publique les plus anciens : la Banque de France, malgré les influences qui se sont produites de temps à autre, les Compagnies d'assurances, constituées selon toute la rigueur de la loi et son esprit, n'ont pas un seul instant dévié de leur route. Ce qui est naturel et logique puisque ces deux natures d'opérations, ayant pour résultat de rendre les compagnies créancières d'une multitude d'individualités et de ne pas faire d'affaires directes, répondaient à l'intention du législateur : la satisfaction d'un grand intérêt général. — Dans ces sortes d'affaires, les stipulations peuvent être précises et en quelque sorte mathématiques. Les statistiques préalables permettent, en effet, de déterminer à l'avance les risques qu'elles ont à courir, et le prix des services qu'elles sont appelées à rendre au public. La rigoureuse observation des principes a suffi pour empêcher les individualités puissantes de porter aucune atteinte à des institutions utiles à tant de travailleurs isolés.

Le premier législateur en se résolvant à autoriser, dans de certains cas bien définis, des hommes honorables à jouir d'un aussi illégal privilége, entendit donc que l'intérêt général y trouvât toujours une large compensation. La liberté des banques n'étant pas admise, il pourrait être, en effet, dangereux de confier à un seul homme des intérêts aussi considérables que ceux représentés par la Banque de France.

Un Conseil, dont un des membres peut succomber sans rompre l'harmonie de l'ensemble, présente peut-être une plus grande sécurité. Mais la nature d'un Conseil est d'aller doucement en besogne ; il ne peut guère répondre aux modifications journalières des exploitations commerciales et ses attributions doivent être soigneusement définies. La Banque de France est, en cela, le type à consulter ; aussi, qu'on relise les statuts de cette institution de crédit et qu'on les compare aux statuts de certaines de nos sociétés anonymes nouvelles, on sera nécessairement frappé de la différence énorme de l'esprit de leurs stipulations.

De cette comparaison il ressortirait clairement pourquoi les anciennes sociétés anonymes sont inébranlables, et pourquoi nombre de nouvelles ont été déclarées en état de faillite. Sans en attribuer la faute au conseil d'État, je dirai que la sécurité réelle des anciennes sociétés anonymes a conduit à penser qu'il pouvait être bon d'étendre le cercle de leurs opérations ; l'observation des principes s'est relâchée, et petit à petit les sociétés anonymes se sont transformées, d'institutions d'utilité publique, leur seule raison d'être ! en *raisons sociales*, en véritables maisons de commerce, spéculant pour leur propre compte, et n'ayant à défendre que leur propre intérêt : l'arbitraire des administrateurs irresponsables ayant remplacé la règle établie par le premier législateur.

La commodité de l'irresponsabilité des administrateurs a conduit encore à une nouvelle contradiction législative. On a étendu le champ de l'irresponsabilité, et les sociétés à responsabilité limitée ont vu le jour. Mais les fautes les plus grandes ont d'utiles enseignements. Nos magistrats civils ont porté de graves atteintes à la fiction qui défend les administrateurs de ces sortes de société, et nous avons vu, dans une affaire importante, le Crédit mobilier condamné à payer, à des tiers, une forte somme, tandis que M. Émile Pereire était condamné solidairement avec lui à payer à l'État les sommes qui lui étaient dues. Le tribunal n'a pas cru que la responsabilité personnelle, même d'un administrateur de société anonyme, pût cesser d'être en face du Trésor. Il est à espérer que bientôt l'initiative d'obligataires lésés dans leur intérêt nous conduira à voir le même principe appliqué au profit des individus.

Il n'en est pas moins vrai, qu'alléché par le souvenir de la sécurité entière présentée par les anciennes compapagnies anonymes, dont les valeurs sont équivalentes à des placements légaux, le public capitaliste s'est jeté avec avidité sur toutes les affaires quelconques qui se présentaient à lui sous le couvert de l'autorisation du Conseil d'État, cette sorte de brevet avec garantie du gouvernement. De combien d'affaires malsaines (1) le marché a-t-il été ainsi encombré? Je ne me propose pas de les énumérer : ce serait un soin inutile.

Mais les ruines qui se sont accumulées autour de lui, les pertes énormes qu'il a subies, ont conduit le public à s'occuper davantage de la valeur des affaires que de la notoriété des hommes qui les présentent. Le souvenir des primes obtenues autrefois n'encourage plus les capitalistes; l'excès du mal a guéri le mal lui-même, et ce qu'on recherche avec soin aujourd'hui ce sont des placements utiles, des placements sérieux. Le public a appris enfin que remuer de l'argent par monceaux sans l'appliquer à la fécondation du travail individuel, c'est appauvrir les peu-

---

(1) J'appelle *affaires malsaines*, celles qui ne répondent pas effectivement à un objet d'utilité générale, celles qui ne se proposent pas une production réelle, et surtout celles qui s'écartent du but de leur fondation.

ples et les individus sans profit pour personne. Les merveilles financières des temps précédents ne l'éblouissent plus. Il a reconnu le vide des titres sonores; il veut des faits, et quand il n'aperçoit pas le but utile et pratique des choses, il y renonce.

Il aurait appuyé le programme posé par l'Empereur, qui voulait constituer en Algérie une INSTITUTION DE CRÉDIT venant en aide aux individualités : il ne veut pas du programme de MM. Frémy et Talabot.

Voici pourquoi :

Les plaintes qui s'élèvent de tous les côtés l'indiquent suffisamment; il y a raréfaction de l'argent dans le public. Le chiffre des affaires s'est élevé, et les moyens d'avoir du crédit ne se sont pas agrandis proportionnellement. Tout en souffre.

Il y a quelques années à peine, il existait dans la nation de petits capitalistes qui prêtaient aux individus et donnaient au travailleur isolé cet outillage qu'il est « pres- » que impossible de trouver dans l'épargne et le temps, » dit l'Empereur. La multitude des sociétés aux aspects séduisants créées depuis, a déplacé cet argent, et ces sociétés n'ont pas remplacé le prêt direct d'homme à homme, qu'elles ont rendu presque impossible. Ces faits sont connus et ils ont été ressentis par chacun de nous.

Or, à part la Banque de France, qui, prêtant sur la signature de trois personnes, fait du crédit réel, puisqu'elle prête à l'avenir, le Comptoir d'escompte qui la suit de bien loin dans cette voie et qui se dispose à l'abandonner, et quelques petites sociétés peut-être s'adressant à un public spécial, les grandes institutions qui ont en apparence pour objet d'accroître et de répandre le crédit ont pour résultat réel de le restreindre et de le diminuer.

Examinons la marche suivie par les institutions de crédit actuellement créées pour nous en convaincre.

Elles ont toutes suivi une ligne de conduite uniforme.

Après avoir fait appel à d'énormes capitaux contre lesquels elles ont donné des actions, elles ont inauguré les systèmes de dépôts en comptes courants. Afin de faciliter ce mouvement, on en est arrivé à établir en France le paiement par *chèques*, dont je suis loin de contester l'utilité relative, mais qui n'ajoute que très-peu de chose au crédit. Pour faire produire à ces capitaux des bénéfices, elles ont prêté sur valeurs réalisées à des taux qu'auraient très-bien accepté directement les capitalistes qui leur apportaient leur argent.

Si elles s'étaient bornées à cela, le mal n'eût pas été bien grand. Malheureusement leur nombreux état-major, aux gros émoluments, ne trouvait pas dans ces opérations une marge suffisante. Puis, croyant être des institutions de crédit, il fallait bien justifier ce titre par quelque endroit : ne fallait-il pas aussi montrer qu'on faisait quelque chose !

Parmi les affaires diverses présentées à l'examen de ces sociétés, on choisissait celles pour la direction desquelles une forte volonté, une valeur particulière ou spéciale, n'étaient pas indispensables, et on en faisait la base d'une société anonyme dans laquelle s'intéressait la *société-mère*. L'émission des titres de la *société-fille* était faite sous le patronage de la première, et l'on appelait de nouveau dans ses caisses les capitaux encore épars dans le public.

S'il est vrai que le crédit consiste, comme l'Empereur semble le croire, et comme je le crois, à procurer au capital humain l'outil nécessaire pour qu'il puisse développer sa production ; si le crédit consiste à fournir au travailleur laborieux l'avance qui lui manque, et cela sous les diverses formes et avec les modifications nécessitées par les circonstantes locales, est-il possible par exemple de considérer la *Société immobilière*, société-fille du Crédit mobilier, il est vrai, comme un accroissement direct du crédit général? Je ne le pense pas, et cependant nulle société n'avait plus que celle-là la possibilité de faire crédit aux individus.

Au lieu d'acheter des terrains pour son compte, d'y bâtir des maisons, des hôtels, des palais plutôt, et de les administrer en régie en attendant leur vente, ce qui l'expose à des pertes très-sensibles, si cette Société s'était dirigée en vertu des véritables principes économiques rappelés par l'Empereur, elle aurait simplement commandité des travailleurs agissant à leurs risques et périls, et apportant, comme supplément de garantie, leur temps, leur travail, leur savoir-faire et le peu de capital réalisé qu'ils pouvaient avoir. Son but utile, l'assainissement de Paris, n'en aurait pas moins été atteint dans la mesure désirée, et, de plus, des fortunes individuelles se seraient élevées, et la Compagnie aurait vu son capital donner de magnifiques dividendes sans faire courir le moindre risque aux actionnaires.

En demeurant institution de crédit, en étant utile à tous, elle aurait sauvegardé la vieille réputation des sociétés anonymes et accru la richesse générale de la nation.

La *Société générale transatlantique* a commis la même

faute, en ne combinant pas ses efforts de manière à faire profiter le travail français de l'énorme subvention que ce travail lui fournit annuellement. Si, au lieu d'employer des subterfuges pour acheter ses bateaux aux Anglais, elle avait profité de sa situation particulière pour fournir un outillage à nos grands constructeurs de navires, elle aurait développé les facultés productives de la France, son influence morale, sans payer ses navires plus cher qu'elle ne les a payés (1).

Ces deux *Sociétés-filles*, cependant, ne sont pas coupables, n'ayant jamais eu la prétention d'être des institutions de crédit. On n'en peut dire autant de la *Société-mère* qui devait veiller, en même temps qu'elle aidait à la satisfaction d'un intérêt public, à ne pas le sacrifier par ailleurs. C'était à elle à profiter de toutes les circonstances pour concourir à l'accroissement des moyens de crédit réel et à justifier le rôle auquel elle prétend, en imposant aux sociétés créées sous son patronage l'obligation de remplir leur but spécial en prêtant aux individus les moyens nécessaires d'exécution.

Les sommes que le Crédit mobilier a ainsi aidé à retirer de la circulation sont énormes. Elles y sont rentrées sans doute, mais avec une perte de temps considérable qui en a diminué la valeur, et sauf ce qui en a été versé à l'étranger. Est-ce donc là accroître le crédit public? Est-ce donc là le rôle d'une société anonyme?

Le *Crédit industriel*, comme la *Société générale pour*

___

(1) En signalant la dernière traversée du *Pereire* comme la plus rapide qui ait jamais été faite entre les deux hémisphères, et dont il faut faire *honneur au pavillon français*, dit le *Times*, ce journal ajoute : On sait que le *Pereire* sort des chantiers de Glasgow.

FAVORISER *le développement du commerce et de l'industrie en France*, prêtent à quelques personnes, sans avoir des garanties doubles ou triples de la somme prêtée; mais ces deux Sociétés ont également la tendance de créer de petites sociétés anonymes, à la formation desquelles elles daigneront accorder leur patronage.

Pour le *Crédit foncier*, s'il ne prête pas par lui-même, il fait trouver des prêteurs sur garanties, au moins doubles de la somme prêtée; seulement je me demande en quoi le fait, par cette institution de crédit, de prêter des obligations qu'on échange à la Bourse contre de l'argent, est un accroissement du crédit?

Je borne là cette trop longue digression, et je la résume. Le crédit manque, mais non pas *les institutions de crédit*. Malheureusement, plus nous en avons de cette sorte, plus la raréfaction qu'elles opèrent du capital réalisé existant encore chez les particuliers devient grande, et naturellement plus le crédit disparaît; à moins que l'on vienne m'apprendre, ce qui peut être vrai après tout, que les sociétés de crédit doivent être : non pas des sociétés réunissant des capitaux pour les prêter au travailleur et l'aider à accroître sa production, mais bien des sociétés faites pour lui emprunter son argent sous différents prétextes.

Que les sociétés anonymes actuelles sont loin, mon Dieu ! des transactions ayant exclusivement pour objet l'utilité publique, qu'avait cru devoir accepter le premier législateur.

§

Il serait toutefois injuste de ne pas reconnaître que MM. Frémy et Talabot, et avec eux les honorables financiers qui composent le Conseil d'administration de la *Société générale algérienne*, ont donné un noble exemple. Ne croyant peut-être pas à l'avenir de l'Algérie, ne croyant guère à la colonisation, l'espoir d'être utile à leur pays les a conduits à se jeter dans une affaire bonne et productive, si on sait la mener, pour laquelle eux seuls pouvaient obtenir du gouvernement d'aussi grands avantages. L'Algérie leur en sera un jour reconnaissante.

Mais ils peuvent faire davantage encore. La haute situation qu'ils occupent leur donne la possibilité de ramener par l'exemple de la *Société générale algérienne*, qui serait fécond, les sociétés anonymes autorisées à être ce qu'elles étaient à leur point de départ : des institutions de crédit prêtant aux individualités. Par là, ils contribueraient à faire disparaître de nos Codes cette sorte d'anonymat, dit à responsabilité limitée, qui, multipliant les administrateurs irresponsables, a pour conséquence naturelle de restreindre l'initiative de l'individu, de consacrer les fortunes faites, et qui, en enlevant à toutes les entreprises la passion qui crée et vivifie, nous conduirait fatalement au règne définitif et désastreux des médiocrités opulentes.

20 novembre 1866.

IMPRIMERIE CENTRALE DES CHEMINS DE FER. — A. CHAIX ET Cⁱᵉ, RUE BERGÈRE, 20, PARIS. — 9978.